사회는 쉽다!

★초등학교 교과서와 함께 봐요!

사회 4-1 3. 지역의 공공 기관과 주민 참여
사회 6-1 1. 우리나라의 정치 발전

차례

1 대통령이 되고 싶다고? 대통령 선거와 투표

우리 반 반장 이야기 · 8 대통령 후보 되기 만만치 않네 · 14
으쌰으쌰, 선거 운동 · 16 국민에게 하는 약속, 공약 · 18
놀기 전에 투표 먼저! · 20 대통령에 당선되면 끝일까? · 22
드디어 새로운 대통령 탄생! · 24

더 알아보기 선거의 4원칙 · 26
알쏭달쏭 낱말 사전 · 28 도전! 퀴즈 왕 · 30

2 대통령은 슈퍼맨? 대통령이 하는 일

국회 의원과 대통령과 판사 · 32 행정부가 하는 일이 이렇게 많아? · 34
대통령을 돕는 사람들 · 36 대통령은 원수다? · 38

더 알아보기 대통령의 상징, 청와대 · 40
알쏭달쏭 낱말 사전 · 42 도전! 퀴즈 왕 · 44

3 최초의 대통령을 찾아서 민주주의의 역사

지도자가 필요해 · 46 왕에게는 무조건 복종! · 48
국민이 나라의 주인! · 50 민주주의의 원조 · 52
민주주의를 지켜라! · 54

더 알아보기 세계 최초의 대통령 · 56
알쏭달쏭 낱말 사전 · 58 도전! 퀴즈 왕 · 60

4 대통령이 없는 나라 대통령제와 의원 내각제

총리라고요? 누구세요? · 62 국회 의원이 뽑는 총리 · 64
총리 위에 또 누가 있다고? · 66 대통령과 총리, 어느 쪽이 좋을까? · 68
나라마다 각양각색 · 70 대통령제도 의원 내각제도 아닌 나라들 · 72
진짜 민주주의를 찾아서! · 74

더 알아보기 의원 내각제의 고향, 영국 · 76
알쏭달쏭 낱말 사전 · 78 도전! 퀴즈 왕 · 80

5 내가 우리나라의 대통령 우리가 만드는 민주주의

대통령이야, 왕이야? · 82 국민들이 이뤄 낸 민주주의 · 84
대통령을 지켜보는 눈 · 86 기억해, 우리나라의 주인은 바로 나! · 88

더 알아보기 우리나라의 시민 단체 · 90
알쏭달쏭 낱말 사전 · 92 도전! 퀴즈 왕 · 94

① 대통령이 되고 싶다고?

대통령 선거와 투표

우리 반 반장 이야기

새 학년이 시작된 교실, 담임 선생님이 말씀하셨어.

"내일 반장 선거를 할 거예요. 반장 선거에 나가고 싶은 사람은 연설문을 준비해 친구들 앞에서 발표하세요."

다음 날 반장 선거가 열렸어. 아람이와 희동이가 후보로 나서서 교실 앞에서 연설을 했지.

아람이는 이렇게 말했어.

"저는 여러분의 대표로서 항상 모범적이고 깨끗한 반을 만들기 위해 앞장서서 노력하겠습니다."

희동이는 이렇게 말했지.

"제가 반장이 되면 매주 피자도 쏘고 통닭도 쏘겠습니다. 맛있는 걸 나눠 먹다 보면 서로 사이좋게 지내는 반이 될 겁니다."

아이들은 고민에 빠졌어. 아람이가 믿음직해 보이기는 했지만 희동이가 약속한 간식도 실컷 먹고 싶었거든.

한 달 후

반장이 하는 중요한 일 중 하나가 떠드는 아이들의 이름을 적는 거야. 하지만 아람이는 이름을 적는 경우가 많지 않았어. 아이들과 약속했거든.

희동이는 자기랑 친한 친구들은 아무리 떠들어도 이름을 안 적었어. 또 청소 당번도, 급식 당번도 다 멋대로 정했지.

"윤아야, 재범아. 너희 목소리가 좀 큰 것 같아."

"앗, 미안. 조심할게."

아람이가 이름을 적기 전에 먼저 주의를 주면 아이들은 목소리를 낮추었어. 아람이는 누구에게나 공정해서 모두들 아람이의 말을 잘 따랐지.

"야, 반장 너무하지 않냐. 이젠 돈 없다고 간식도 안 쏘면서."

"자기한테 과자 사 주는 애는 떠들어도 봐줘! 완전 치사해."

"괜히 희동이를 반장으로 뽑았어. 피자에 넘어가는 게 아니었는데. 에잇."

"아람이를 반장으로 뽑기를 참 잘한 것 같아. 덕분에 학교생활이 더 즐거워졌어."

이게 다 아이들이 반장 선거에서 현명한 선택을 한 덕분이야.

반장을 잘못 뽑은 대가가 이렇게 클 줄이야!

아유, 저걸 어쩌나. 희동이를 뽑은 아이들은 참 속상하겠네. 그러게 반장 선거 때 생각을 잘했어야지!

뭐? 이럴 바에는 처음부터 반장 선거 같은 게 아예 없는 편이 나았겠다고? 선생님이 적당한 아이를 반장으로 정해 줬으면 이런 문제가 없었을 거라고?

에이, 그래서는 안 되지. 반장은 선생님의 대표도, 다른 누구의 대표도 아니라 바로 우리 반 아이들의 대표니까. 우리 모두의 입과 눈과 귀가 되어 학교와 선생님께 의견을 전달하고 의논하는 우리 대표. 그러니까 반장은 우리 반 아이들이 뜻을 모아 직접 뽑아야 해.

우리 반을 대표하는 사람이 반장이라면 우리나라를 대표하는 사람은 누굴까? 그래, 바로 대통령이야. 반장 선거에서 뽑혀야 반장이 되듯이 대통령도 선거에서 뽑혀야 될 수 있어.

그럼 우리나라의 대통령은 어떻게 뽑는지 한번 알아볼까?

대통령 후보 되기 만만치 않네

반장으로 아람이를 뽑았을 때와 희동이를 뽑았을 때, 교실 안 모습이 참 많이 달라졌지? 그러니 우리나라를 이끌어 가는 대통령을 뽑는 것은 얼마나 중요한 일이겠니? 대통령이 누가 되느냐에 따라서 우리의 미래가 확 달라질 수도 있는 거야!

너도 대통령 선거에 나가 보고 싶다고? 훌륭한 대통령이 될 자신이 있다고? 아, 이걸 어쩌나. 만 40세가 되지 않은 사람은 아예 대통령 후보도 될 수 없걸랑. 대통령은 워낙 중요한 자리라서 경험을 많이 쌓은 사람이 필요하기 때문이야.

나중에라도 꼭 대통령 선거에 나가겠다면 이것도 알아 둬. 선거 날까지 우리나라에서 5년 이상 살지 않았다면 역시나 대통령 후보가 될 수 없다는 거.

참, 반드시 대한민국 국민이어야 한다는 점은 말 안 해도 잘 알겠지? 우리 반 반장 선거에 옆 반 친구가 와서 "나도 반장 후보 할래." 이러면 얼마나 우습겠어.

으쌰으쌰, 선거 운동

대통령 후보가 되었으면 열심히 선거 운동을 해야 해. 여러 후보들 중에서 가장 많은 표를 얻어 대통령이 되려면 보통 노력으로는 어림도 없거든. 응? 그렇다고 웬 운동이냐고? 선거 운동이란 달리거나 헤엄치는 그런 운동이 아니라, 선거에서 당선되기 위해 하는 모든 활동을 말해.

대통령 후보들은 시장이나 광장같이 사람이 많은 곳을 찾아다니며 인사를 하고, 자기 사진을 넣은 포스터를 여기저기 붙여. 큼지막한 현수막도 내걸고. 신문과 텔레비전에 광고도 내고, 홈페이지도 열지. 휴대폰으로 문자 메시지도 보내고, 집집마다 홍보물도 보내.

　텔레비전에 나가서 다른 후보들과 토론하는 것도 빼놓을 수 없어. 이때 시청자에게 잘 보이려면 화장은 필수!

국민에게 하는 약속, 공약

 국민들은 선거 운동을 보며 어떤 후보가 대통령감인지 꼼꼼히 따져 봐. 내 한 표는 소중하니까!
 그럼 무엇을 따져 봐야 할까? 우선 그 후보가 어떤 성격을 가졌는지, 어떻게 살아왔는지 들여다봐야 해. 혹시 큰 죄를 지어 벌을 받은 일은 없는지, 나쁜 일을 하고도 숨기지는 않았는지, 능력이 부족하지는 않은지도 알아야 하지. 그중에서도 가장 중요한 건 각 후보가 어떤 공약을 내세우는지 살펴보는 거야.

반장 선거를 할 때면 후보들이 칠판 앞에 나가서 연설을 하잖아? "제가 반장이 되면 선생님과 아이들 사이의 든든한 다리 역할을 하겠습니다.", "공부에 집중할 수 있도록 반 분위기를 좋게 만들겠습니다." 이렇게 당선되면 어떠어떠한 일들을 하겠다는 약속을 공약이라고 해.

대통령 후보들이 하는 공약은 우리나라의 미래에 대한 밑그림이야. 밑그림이 엉성하면 결국 그림 전체가 망가지고 말잖아. 그래서 누구를 대통령으로 뽑을지 결정하기 위해 후보들의 공약을 비교해 보는 건 기본 중의 기본이야.

놀기 전에 투표 먼저!

신나는 사실 하나 알려 줄까? 대통령 선거 날은 공휴일이야. 국민들이 일하느라 바빠서 자신의 소중한 한 표를 포기하면 안 되잖아. 투표는 국민의 당연한 권리거든.

학교에 가지 않아도 되니까 꼭꼭 대통령 선거에 참여하겠다고? 음, 조금 참아야겠는데! 만 18세 이상인 국민만 투표를 할 수 있거든. 대통령 선거만이 아니라 우리나라의 여러 선거가 그렇단다. 투표를 한다는 건 아주 큰 책임감이 필요한 일이기 때문이야.

아쉬운 마음은 이렇게 달래 보면 어떨까? 엄마 아빠 손을 잡고 투표소에 가 보는 거야. 혹시라도 엄마 아빠가 선거 날에 놀러 가자고 하면 이렇게 얘기해. "놀러 가기 전에 먼저 투표를 해야죠. 국민의 권리잖아요." 엄마 아빠가 우리 아이가 언제 이렇게 컸나 하고 깜짝 놀랄걸.

대통령에 당선되면 끝일까?

 이제 투표함을 열어 볼 차례야. 온 국민이 두 눈 크게 뜨고 기다리고 있어. 누가 가장 많은 표를 얻어 대통령이 될까?
 자, 마침내 가장 많은 표를 얻은 후보가 누구인지 밝혀졌어. 대통령으로 당선된 후보는 당장 대통령 자리에…….
 아니, 아니지. 서둘러서는 안 돼. 반장 선거에서는 당선되면 곧바로 반장이 되지만 대통령 선거는 달라. 당선되었다고 해도 대통령이 되려면 좀 더 시간이 필요해. 진짜 대통령이 되기 전에 이것저것 챙겨야 할 일이 많거든.

대통령 당선인은 먼저 나라의 살림살이가 어떻게 돌아가고 있는지를 파악해야 해. 그리고 앞으로 나라를 꾸려 갈 계획을 짜지. 미리미리 잘 준비해서 대통령이 된 다음에 허둥지둥하지 않도록 말이야. 학교 가기 전날 저녁에 준비물 챙기는 거랑 비슷하다고나 할까.

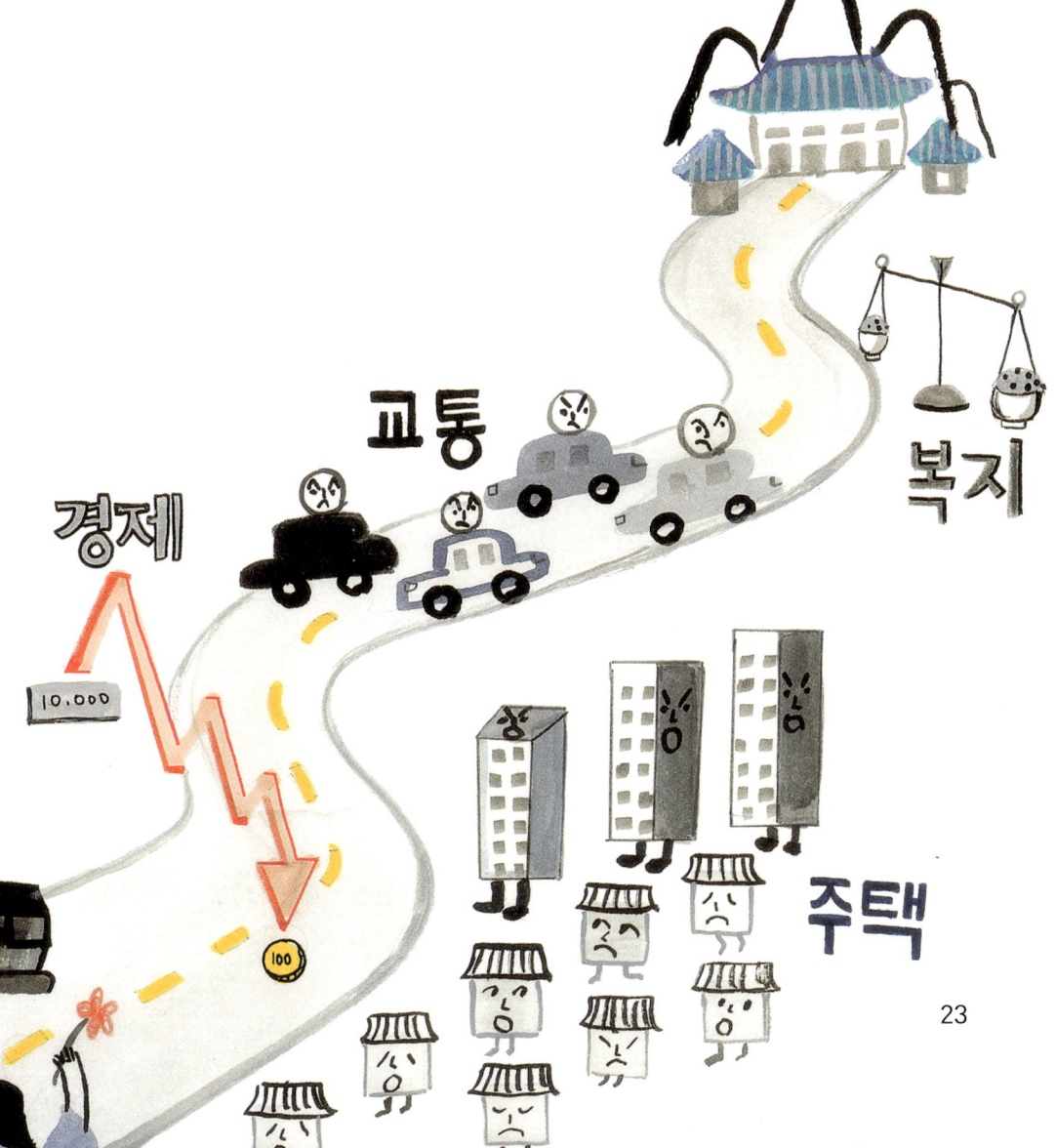

드디어 새로운 대통령 탄생!

 처음 유치원에 들어갈 때, 처음 학교에 들어갈 때 입학식 했던 거 기억하지? 설레는 마음에 가슴이 콩닥콩닥 뛰지 않았니? 어떤 일을 새롭게 시작한다는 건 무척 의미 있는 일이야. 그래서 입학식 같은 행사도 치르는 거고.
 대통령 당선인은 대통령이 되기 위한 취임식을 해. 입학식이 새로운 선생님, 새로운 친구들을 만나는 자리이듯이 대통령 취임식은 국민이 새로운 대통령을 정식으로 만나는 자리야.

취임식에서 대통령은 나라를 위해 열심히 일하겠다고 선서를 해. 국민이 보는 앞에서 굳게 맹세를 하는 거야.

이렇게 앞으로 5년 동안 우리나라를 이끌어 갈 대통령이 탄생했어. 오늘의 이 마음을 잊지 말고 최선을 다하라는 뜻으로 응원의 박수를 보내자. 짝짝짝!

> 더 알아보기

선거의 4원칙

　우리나라 국민이라면 누구나 정치에 참여할 권리와 의무가 있어. 정치는 우리 삶에 영향을 미치는 여러 문제를 해결해 나가는 활동이므로 국민 모두에게 중요한 일이거든.

　오늘날 민주주의 국가에서는 국민이 대표를 뽑아서 정치를 맡겨. 따라서 선거는 국민이 정치에 참여하는 가장 기본적인 방법이야. 대통령 선거를 포함해 모든 선거에는 네 가지 원칙이 있어. 이 원칙들을 하나도 빠짐없이 지켜야 제대로 된 선거라고 할 수 있어.

보통 선거

우리나라 국민은 누구나 만 18세가 넘으면 선거에 참여할 자격이 있어.
돈이 많든 적든, 여자든 남자든, 직업이 무엇이든 상관없지.

평등 선거

선거권이 있는 사람은 직업이나 재산, 성별, 학력 같은 조건에 관계없이 똑같이 한 표씩 가져. 누구는 두 표를 가진다든지 누구는 열 표를 가진다든지 그러지 않아.

직접 선거

선거에 참여하기 위해서는 자신이 직접 투표를 해야 해. 다른 사람한테 대신 투표해 달라고 부탁할 수 없어.

비밀 선거

누가 어떤 후보에게 투표했는지는 비밀로 보호해 줘. 그래야 다른 사람의 눈치를 보지 않고 자유롭게 투표할 수 있으니까!

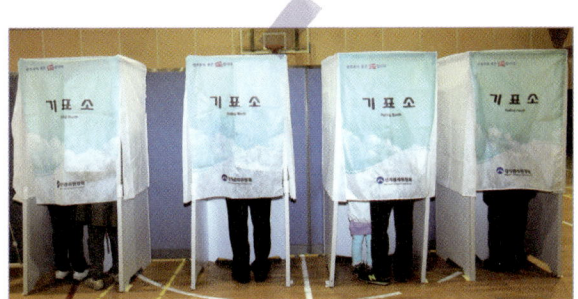

★ 알쏭달쏭 낱말 사전

공약

선거에 나온 후보들이 "당선되면 이렇게 하겠습니다."라고 국민에게 하는 약속이에요. 후보를 선택할 때는 어떤 공약을 발표했는지 꼼꼼하게 따져 보아야 해요. 당선된 후에 공약이 제대로 실천되고 있는지도 살펴보아야 하지요.

매니페스토 운동이란 후보들이 구체적이고 실현 가능한 공약을 내세우게 하자는 활동이에요. 우리나라에서는 2006년 지방 선거부터 시민 단체를 중심으로 활발하게 이루어지고 있어요.

대통령

우리나라의 국민과 국토를 다스리는 국가의 최고 지배권을 가진 사람이에요. 대통령 선거에 나가려면 대한민국 국민으로서 선거 날까지 우리나라에서 5년 이상 살았으며, 만 40세 이상이어야 하고, 공무원이 아니어야 해요. 또 정당에 소속된 사람은 정당의 추천을, 정당에 가입하지 않은 사람은 다섯 군데 이상의 시·도에서 3500~6000명의 추천을 받아야 하고요.

대통령 후보들은 자신의 공약을 알리기 위해 다른 후보들과 토론을 벌여요. 이를 텔레비전으로 방송하지요.

선거

투표를 통해 대통령이나 국회 의원 같은 대표자를 뽑는 일이에요. 우리나라에서는 대통령, 국회 의원, 도지사, 시장, 군수, 구청장, 지방 의회 의원, 교육감 등을 선거로 뽑아요.

정치

사람들 사이에서 갈등과 다툼이 일어났을 때, 여러 사람에게 영향을 미치는 공동의 문제가 생겨났을 때, 이를 해결해 가는 활동을 말해요. 따라서 넓게 보면 학교에서도 집에서도 우리는 정치를 경험하고 있어요. 여럿이 함께 살아가는 공동체 사회에는 다양한 입장 차이가 있기 때문에 정치가 무척 큰 역할을 해요.

투표

선거에서 자신이 지지하는 쪽에 표를 주는 것을 말해요. 국가의 중요한 일에 찬성이나 반대를 표시하는 투표도 있고, 대통령이나 국회 의원 등 국민의 대표자가 될 사람을 뽑는 투표도 있어요. 투표율이 낮아지면 국민의 의견이 제대로 나랏일에 반영될 수 없어요. 그래서 선거가 열릴 때마다 조금이라도 더 많은 사람이 투표에 참여하는 것이 중요해요.

선거와 후보자에 대해 알려 주는 홍보물이에요. '선거 공보'라고 부르지요.

⭐ 도전! 퀴즈 왕

다음 내용을 잘 읽고 맞으면 ○, 틀리면 ×를 표시하세요.

1. 대통령 후보가 되기 위해서는 대한민국 국민으로, 만 18세 이상이며, 선거 날까지 우리나라에서 5년 이상 살아야 해요. (   )

2. 대통령 선거 날은 공휴일이에요. 국민의 당연한 권리인 투표를 일하느라 바빠서 포기하면 안 되기 때문이지요. (   )

3. 대통령 선거에서 뽑혔다고 해서 바로 대통령이 되는 건 아니에요. 대통령 당선인은 먼저 나라의 살림살이가 어떻게 돌아가고 있는지 알아보고, 나라를 꾸려 갈 계획을 세워요. (   )

정답 1.× 2.○ 3.○

②
대통령은 슈퍼맨?
대통령이 하는 일

국회 의원과 대통령과 판사

 취임식을 마치자마자 대통령은 눈코 뜰 새 없이 바빠져. 대통령이 얼마나 바쁜지, 무슨 일을 하는지 알려면 우선 나랏일을 하는 기관들에 대해 알아야 해. 우리나라의 일을 맡아서 하는 기관은 크게 세 가지로 나뉘지.

 입법부는 법을 만들거나 고치는 곳이야. 대개 '국회'라고 해. 국회에서 법을 다루는 사람이 바로 국회 의원이야.

 행정부는 법을 바탕으로 나라의 살림을 꾸리는 곳이야. 줄여서 '정부'라고도 불러. 대통령은 행정부의 우두머리야.

 사법부는 사람들 사이에 다툼이 생겼을 때 법에 따라 판결을 내리거나, 법을 어긴 사람을 심판하는 곳이야. '법원'이라고 부르기도 해. 판사, 대법관처럼 법원에서 재판을 담당하는 사람은 법관이라고 하지.

'정부'라는 말은 넓은 의미에서 행정부, 입법부, 사법부를 모두 포함하기도 해.

행정부

그러니까 우리가 대통령을 뽑는 것은 곧 행정부를 책임질 사람을 뽑는 셈이야.

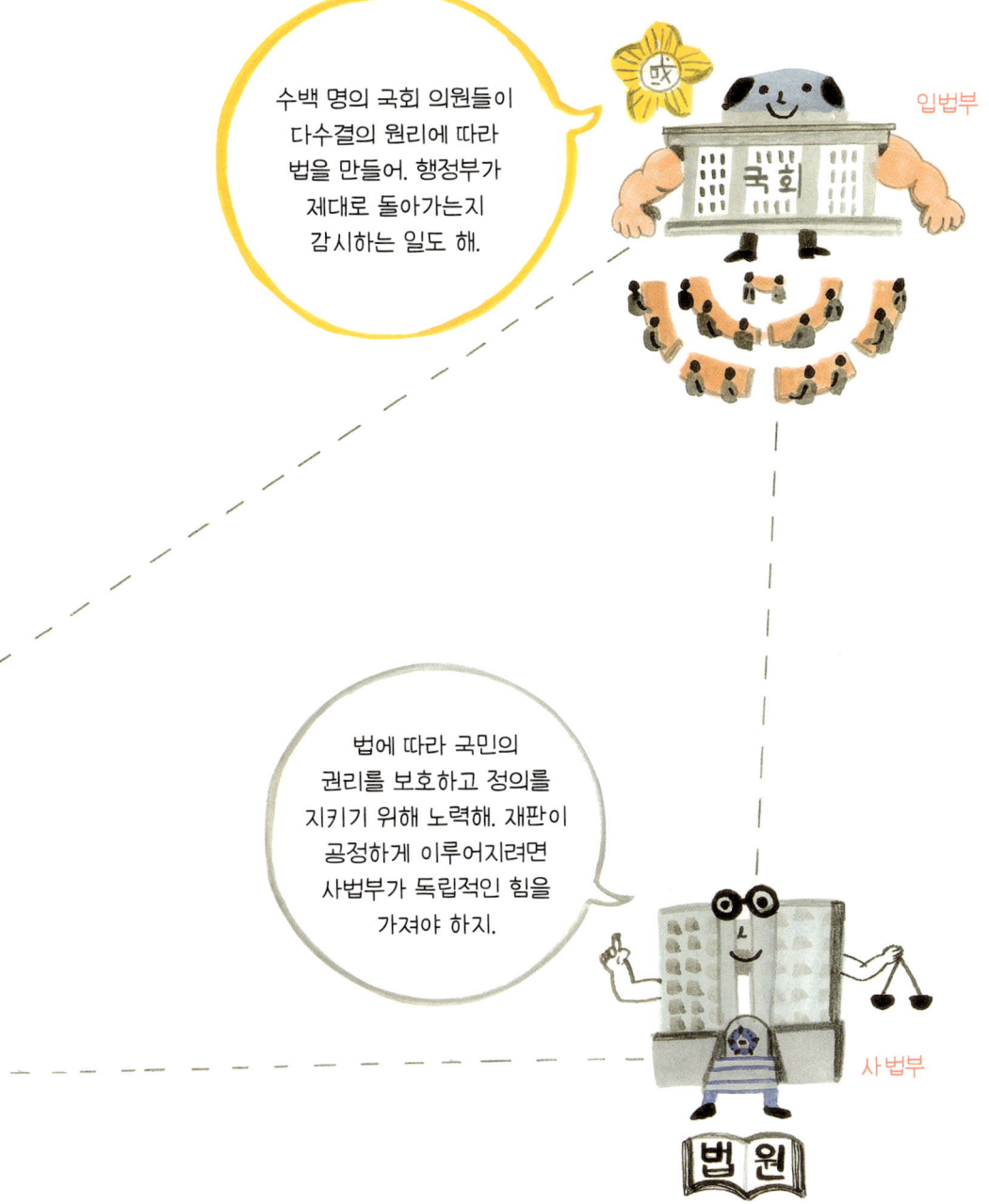

행정부가 하는 일이 이렇게 많아?

나라 전체의 살림을 맡고 있는 행정부는 하는 일이 아주 많아. 우리 집 살림을 맡고 있는 엄마 아빠를 생각해 봐. 엄마 아빠는 가족들을 위해 요리와 청소도 하고 돈 관리도 하지. 집안 살림만 해도 이렇게 많은데 나라 살림은 얼마나 복잡하겠니?

우선 행정부는 국민으로부터 세금을 얼마나 걷을지, 그 돈을 어디에 쓸지 계획을 세워.

기업을 도와서 경제를 발전시키고 새로운 일자리도 만들지.

도로를 깔고, 공항과 항구를 건설하고, 전기와 물을 공급해.

학교를 세우고 아이들에게 무엇을 가르칠지 결정해.

자연이 더럽혀지거나 훼손되지 않도록 환경 오염을 막아.

억울하게 차별받는 사람이나 어려운 처지에 있는 사람들을 도와.

또 행정부는…… 어휴, 행정부가 하는 일을 하나하나 다 따지다가는 하루가 다 가겠네. 중요한 건 행정부가 우리 생활과 관계 깊은 일을 어마어마하게 많이 하고 있다는 거야. 그러니까 행정부는 무지무지 중요한 기관이라는 거, 잊지 마!

대통령을 돕는 사람들

 사회가 복잡해지면서 행정부가 하는 일이 점점 많아지고 있어. 그 많은 일을 대통령 혼자서 하려면 몸이 백 개라도 모자랄 거야. 아무리 슈퍼맨 같은 대통령이라도 픽 쓰러지고 말걸.

하지만 걱정하지 마. 다행히 대통령 옆에는 대통령을 도와 함께 일하는 사람들이 있으니까!

국무총리는 행정부에서 대통령 다음으로 높은 사람이야. 대통령이 자리를 비울 때는 대통령의 역할을 대신하기도 해.

또 행정부는 문화, 환경, 과학, 경제 등 각각의 분야를 담당하는 여러 부서로 나뉘어 있어. 그리고 대통령은 그 분야의 일을 책임지고 잘 해낼 수 있는 사람을 각 부서의 우두머리로 임명해. 이 우두머리를 **장관**이라고 불러.

장관 밑에도 수많은 사람이 일하고 있어. 이 모든 사람이 제 역할을 하고 있기 때문에 행정부라는 배가 풍덩 가라앉지 않고 무사히 나아갈 수 있는 거야.

행정부에는 기획 재정부, 외교부, 국방부, 환경부, 교육부 등 여러 부서가 있어.

대통령은 원수다?

대통령은 행정부의 우두머리일 뿐 아니라 국가 원수이기도 해. 잉, 원수라니, 이게 무슨 소리냐고? 대통령이 무슨 큰 죄라도 지었느냐고?

오해하지 마. 여기서 원수는 '철천지원수'의 그 원수와 글자만 같고 뜻은 전혀 다르걸랑.

국가 원수란 나라를 대표하는 사람이자 나라에서 가장 높은 지도자를 말해.

지구촌에는 우리나라만 있는 게 아니야. 약 200개나 되는 나라가 때로는 서로 돕고 때로는 서로 다투지.

국가 원수로서 대통령은 다른 나라들과 사이좋게 지내기 위해 외교관을 보내. 때로는 대통령이 직접 외국에 나가서 외국의 국가 원수를 만나기도 해. 반대로 외국의 국가 원수를 우리나라에 초대하거나, 외국 손님들에게 우리 문화를 알려 주기도 하지.

올림픽 대회에 나가는 운동선수만 국가 대표가 아니야. 대통령도 세계 무대에서 활약하는 우리나라의 국가 대표야.

더 알아보기

 대통령의 상징, 청와대

청와대는 특별한 집이야. 1948년 8월 15일 대한민국 정부가 수립된 뒤, 제1대 이승만 대통령부터 제19대 문재인 대통령까지 이곳에서 살며 나랏일을 보았지.

대통령은 청와대에서 무슨 일을 했을까?

대통령은 청와대에서 다양한 일을 했어. 장관들과 회의를 하고, 행정부 각 부서의 일을 보고받고, 손님을 맞이하고, 기자 회견도 열었지. 그래서 청와대에는 항상 많은 사람들이 드나들었어.

청와대라는 이름은 무슨 뜻일까?

청와대라는 이름은 지붕이 푸른색인 데서 딴 이름이야. 청와대를 한자로 쓰면 이렇게 돼. '푸를 청(靑)', '기와 와(瓦)', '대 대(臺)'. 그러니까 청와대는 푸른 기와로 지붕을 얹은 집이라는 뜻이란다.

청와대에 가 볼까?

청와대는 서울의 한복판, 경복궁의 뒤쪽이자 북악산의 앞쪽에 있어. 홈페이지 (www.opencheongwadae.kr)에서 미리 신청을 하면 둘러볼 수 있어. 청와대는 고려 시대에는 왕이 나들이 때 머물던 궁궐이 있던 자리였고, 조선 시대에는 경복궁의 후원터였지. 그래서 대통령이 일하던 건물과 정원뿐만 아니라 조선 시대 건물과 궁궐터 등 여러 문화재도 볼 수 있단다.

⭐ 알쏭달쏭 낱말 사전

다수결의 원리

무언가를 결정할 때 가장 많은 사람의 의견에 따라 판단하는 것이에요. 민주 정치의 기본 원칙 중 하나지요. '다수결의 원칙'이라고도 해요.

국회에서도 다수결의 원리를 이용해요. 전체 국회 의원의 절반 이상이 출석하고, 출석한 국회 의원의 절반 이상이 찬성표를 던지면 법이 통과되지요.

삼권 분립

나라의 권력을 국회, 정부, 법원의 세 기관에서 나누어 맡게 하는 것이에요. 세 기관은 서로서로 견제함으로써 권력을 함부로 사용하지 않도록 조심해요.

세금

나라 살림에 사용하기 위해 국민으로부터 거두어들이는 돈이에요. 정부가 국민에게 거두는 국세와 지방 자치 단체가 주민에게 거두는 지방세 등이 있어요.

서울시 종로구 국세청 건물에 있는 조세 박물관이에요. 세금에 관한 다양한 정보를 제공해 국민이 세금을 제대로 이해할 수 있도록 도와줘요.

외교관

우리나라를 대표해 외국에 머물며 두 나라의 협력과 연관된 일을 하는 사람이에요.

외국에 있는 외교관들이 일하는 곳을 재외 공관이라고 해요. 대사관, 대표부, 공사관, 총영사관 등으로 구분되지요.

재판

사람들 사이에 시끄럽고 복잡한 다툼이 일어났을 때 법원이 법에 따라 옳고 그름을 따져 판단을 내리는 것을 말해요. 재판은 사건의 성격에 따라 개인 간에 발생하는 문제를 해결하는 민사 재판, 사기나 강도, 살인처럼 사회 질서를 어지럽히는 행동을 한 사람에게 벌을 주는 형사 재판, 국회가 만든 법이 헌법에 어긋나는지 판단하거나 정부에서 한 일이 국민의 자유와 권리를 해치는지 판단하는 헌법 재판이 있어요.

형사 재판이 열리는 법정이에요. 판사, 검사, 변호사의 모습이 보여요.

철천지원수

'하늘에 사무치도록 한이 맺히게 한 원수'라는 뜻의 한자어로, 이 세상에서 같이 살 수 없을 만큼 싫은 사람을 비유하는 말이에요.

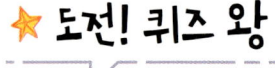
도전! 퀴즈 왕

대통령이 어떤 일을 하는지 자음을 보고 맞혀 보세요.

1. 대통령은 국회에서 만든 법에 따라 나라 살림을 꾸리는 ㅎㅈㅂ의 우두머리예요.

ㅎ ㅈ ㅂ
----

2. ㄱㅁㅊㄹ는 행정부에서 대통령 다음으로 높은 사람이에요. 대통령이 자리를 비울 때는 대통령의 역할을 대신하기도 해요.

ㄱ ㅁ ㅊ ㄹ
----

3. 대통령은 우리나라에서 가장 높은 지도자이자 우리나라를 대표하는 ㄱㄱㅇㅅ로서 다양한 외교 활동을 해요.

ㄱ ㄱ ㅇ ㅅ

정답 1. 행정부 2. 국무총리 3. 국가 원수

③
최초의 대통령을 찾아서

민주주의의 역사

지도자가 필요해

처음부터 대통령이 나라를 다스렸을까? 맨 처음 나라를 다스린 사람은 누구일까? 그 이야기는 나라조차 없었던 멀고 먼 과거에서 시작해.

우리 조상들의 조상들의 조상들은 살기가 참 고달팠어. 먹을 것을 구하기는 힘들지, 사자나 호랑이 같은 사나운 짐승들은 공격해 오지, 태풍이며 가뭄, 홍수 같은 자연재해는 피할 방법이 없지……. 아이고, 상상만 해도 머리가 다 지끈지끈하지?

결국 사람들은 살아남기 위해 여럿이 모여 부족 사회를 이루었어. 뭉치면 살고 흩어지면 죽는다잖아.

하지만 장점이 있으면 단점도 있기 마련. 많은 사람이 함께 살다 보니 다툼과 갈등도 잦아졌어. '사냥한 짐승을 어떻게 나누어야 하나?', '남을 때리면 어떤 벌을 준담?' 사람들은 끙끙 골머리를 앓았어.

그러다 무릎을 탁 칠 만한 아이디어가 떠올랐어.
"올바른 판단을 내려 줄 지도자를 정하자!"
그렇게 해서 그 부족 사회에서 가장 지혜로운 사람이나 가장 나이 많은 사람이 최초의 지도자가 되었어.

왕에게는 무조건 복종!

시간이 지나면서 부족 사회는 점차 크고 복잡해졌어. 마침내 어엿한 나라의 꼴을 갖추게 되었지.

한 나라의 왕은 강력한 권력과 엄청난 재산을 가진 지도자였어. 이집트의 왕이었던 파라오는 이렇게 말했대. "나는 태양신의 아들이다." 또 태양왕으로 불린 프랑스의 루이 14세는 이런 말을 남겼다지. "짐이 곧 국가다."

아무리 왕이라도 그렇지, 과장이 좀 심한 것 같다고? 하지만 그때는 왕의 말에 다들 "예, 옳은 말씀입니다." 하고 머리를 조아렸어. 만약 "아닌데요." 했다가는 큰 벌을 받았을걸. 왕의 말은 곧 진리이고 법이었으니까.

왕이 "멋진 궁전을 갖고 싶다!" 하면 백성은 몇 년씩 고된 일에 시달려야 했고, 왕이 "옆 나라를 정복하겠다!" 하면 백성은 목숨을 바쳐 싸워야 했어. 왕으로 태어나지 않은 사람은 정말 살기 피곤했을 거야.

국민이 나라의 주인!

사람들은 차츰 이런 생각을 가지게 되었어.
"왕 한 명이 마음대로 나라를 움직이는 게 과연 옳은 걸까?"
"나라의 진짜 주인은 왕이 아니라 우리 자신이 아닐까?"
그래서 사람들은 왕에게 맞서기 시작했어!

처음에는 영국에서, 뒤이어 미국과 프랑스에서. 그렇게 세계 곳곳에서 자유와 권리를 찾으려는 혁명이 일어났어. 평화롭게 이루어진 혁명도 있었지만 많은 사람이 목숨을 잃은 혁명도 있었지.

그 결과 세상이 완전히 바뀌었어. 국민이 직접 뽑은 대표들이 나랏일을 맡아 책임지게 된 거야. 국민이 곧 나라의 주인이며 국민 스스로 나라를 다스리는 것, 이게 바로 민주주의야. 지금의 민주주의 국가들은 이렇게 첫걸음을 내디뎠어.

왕은 물러나라!

민주주의의 원조

사람들은 원조를 참 좋아해. 원조란 처음 쓰인 물건이나 어떤 일을 처음 시작한 사람에게 붙이는 말이야. 원조 족발집, 원조 보쌈집처럼 원조 식당에는 손님이 바글바글하지.

민주주의에도 원조가 있을까? 당연히 있고말고! 지금으로부터 2500여 년 전 고대 그리스의 도시 국가 아테네가 그 주인공이야.

하지만 지금의 민주주의와는 다른 면도 있었어. 아테네 시민들은 광장에 모여서 토론을 통해 나라의 중요한 일들을 직접 결정했어. 이런 것을 **직접 민주주의**라고 해.

도시 국가였던 아테네와 달리 오늘날에는 한 나라의 인구가 너무 많아. 그래서 대통령이나 국회 의원처럼 국민의 대표자들이 대신 나랏일을 맡아. 이런 것을 **간접 민주주의** 또는 **대의 민주주의**라고 해.

다른 점은 또 있었어. 아테네에서 시민으로 인정받아 정치에 참여할 수 있는 사람은 성인 남자뿐이었어. 여자와 노예, 다른 도시 국가의 시민은 절대로 정치에 참여할 수 없었지.

오늘날에는 그렇지 않아. 노인과 젊은이, 남자와 여자 등 모든 사람이 차별받지 않고 평등하게 정치에 참여할 수 있어.

민주주의를 지켜라!

　제멋대로인 왕들에게 맞서서 힘들게 이룬 민주주의니까 더욱 소중하게 느껴진다고? 그런데 기껏 뽑은 대표들이 자기네가 무슨 왕인 양 맘대로 나라를 다스린다면? 무지 열 받고 황당하겠지?

　그래서 우리나라 헌법에서는 나라의 주인이 다른 누구도 아닌 국민이라고 쾅쾅 못 박아 두고 있어. 헌법은 그냥 법이 아니라, 우리나라의 모든 법 중에서 가장 높은 최고의 법이야.

대한민국 헌법

⟡ 대한민국 헌법 1조 1항 ⟡
"대한민국은 민주 공화국이다."

⟡ 대한민국 헌법 1조 2항 ⟡
"대한민국의 주권은 국민에게 있고, 모든 권력은 국민으로부터 나온다."

입법부, 행정부, 사법부가 나라의 일을 나누어 맡고 있는 것도 그래서야. 한쪽으로 힘이 쏠리지 않도록 권력을 나누어 놓은 거지. 어느 한 기관이 권력을 함부로 쓰지 않는지 서로서로 잘 감시하라는 의미이기도 해. 대통령이 우리나라의 대표임에도 행정부만 맡는 건 다 이렇게 깊은 뜻이 있기 때문이란다!

국민이 억울한 일이 없도록 공정해야지.

> 더 알아보기

 세계 최초의 대통령

대통령이 처음 생겨난 나라는 미국이야. 그러니까 미국 최초의 대통령인 조지 워싱턴은 세계 최초의 대통령이기도 하지.

식민지에서 자란 소년

1732년 조지 워싱턴이 태어났을 때 미국은 영국의 식민지였어. 원래 미국은 영국에서 건너온 사람들이 세운 나라거든. 처음에 미국 사람들은 영국 정부의 명령에 무조건 복종해야 했어.

미국 독립 전쟁을 승리로 이끌다

1775년 미국이 영국에 맞서 독립 전쟁을 일으켰을 때 조지 워싱턴은 총사령관으로서 군대를 지휘했어. 1776년 영국으로부터 독립을 선언하고 1783년 마침내 독립을 인정받은 미국은 왕이 아닌 새로운 지도자, 즉 대통령을 뽑기로 했어. 그리고 1789년 조지 워싱턴이 미국의 제1대 대통령이 되었지.

스스로 대통령에서 물러나다

조지 워싱턴은 갓 태어난 나라 미국을 슬기롭게 이끌었어. 국민들은 그에게 죽을 때까지 대통령으로 있어 달라고 부탁했지. 하지만 조지 워싱턴은 1797년에 주저 없이 대통령 자리에서 물러났어. 대통령이 마치 왕 같은 존재가 될까 봐 걱정했기 때문이야. 정말 훌륭한 대통령이지?

역사에 영원히 남다

조지 워싱턴은 오늘날에도 자주 만날 수 있어. 미국에서 쓰는 1달러 지폐에 조지 워싱턴의 얼굴이 들어 있거든. 미국의 수도 워싱턴도 조지 워싱턴의 이름을 따서 붙인 거야.

★ 알쏭달쏭 낱말 사전

권리

어떤 일을 하거나 누릴 수 있는 힘 또는 자격이에요. 우리나라 같은 민주주의 국가는 모든 사람이 인간으로서 당연히 누려야 할 기본적인 권리를 헌법으로 보장하고 있어요.

헌법 재판소는 헌법에 어긋나는 일을 심판해 국민이 기본적인 권리를 지키도록 해 줘요.

도시 국가

하나의 도시가 나라를 이룬 것이에요. 그래서 나라의 크기가 그리 크지 않지요. 먼 옛날에는 도시 국가가 많았지만 지금은 몇 군데밖에 없어요.

민주주의

국민이 곧 나라의 주인인 정치 제도예요. 그래서 민주주의 국가에서는 직업, 재산, 성별, 외모에 관계없이 누구나 자유롭고 평등하게 정치에 참여할 수 있어요. 또한 갈등이나 문제가 생겼을 때 대화와 토론을 통해 해결하는 것을 중요하게 여겨요.

영국의 국회 의사당이에요. 민주주의 국가에서 국회는 국민을 대표하는 기관이지요.

부족 사회
원시 시대에 조상, 언어, 종교 등이 같은 사람들이 모여 생활한 공동체 사회예요.

전제 군주제
왕이 자기 뜻대로 중요한 나랏일을 결정하는 정치 제도예요. 전제 군주제인 나라에서 백성은 정치에 자유롭게 참여할 수 없었고, 왕이나 귀족들의 결정을 무조건 따라야 했어요. 나라의 주인이 국민이 아니라 왕이었던 거예요.

정치 제도
한 나라를 다스리는 정치의 형태예요. 정치적 목적을 달성하기 위해 어떤 수단을 쓰는지에 따라 민주주의, 전제 군주제 등으로 나뉘어요.

태양신
옛날에는 태양을 신과 같은 존재로 섬기기도 했어요. 그래서 많은 왕이 자신을 태양에 빗대었어요.

혁명
이전의 관습이나 제도, 생활 방식을 단번에 깨뜨리고 새로운 것으로 바꾸는 일이에요.

태양왕이라 불린 루이 14세는 막강한 권력을 손에 쥐고 화려한 삶을 살았지요. 하지만 그럴수록 국민은 더욱 가난해졌어요.

⭐ 도전! 퀴즈 왕

다음 내용을 잘 읽고 빈칸에 알맞은 단어를 써 보세요.

1. _____ 에서는 가장 지혜로운 사람이나 가장 나이 많은 사람이 지도자가 되었어요. 지도자는 사람들 사이의 다툼과 갈등을 해결했지요.

2. _____ 은 엄청난 재산과 강력한 권력을 갖고 스스로를 신과 같은 존재로 만들었어요.

3. 처음에는 _____ 에서, 뒤이어 미국, 프랑스 등 여러 나라에서 국민의 자유와 권리를 찾으려는 혁명이 줄줄이 일어났어요.

4. 민주주의는 _____ 이 곧 나라의 주인이며, _____ 스스로 나라를 다스리는 정치 제도예요.

5. 고대 그리스의 도시 국가 _____ 에서는 지금과 달리 시민들이 광장에 모여 직접 정치에 참여했어요.

정답 1. 부족 사회 2. 왕 3. 영국 4. 국민 5. 아테네

④
대통령이 없는 나라
대통령제와 의원 내각제

총리라고요? 누구세요?

산의 정상은 어디? 그야 당연히 산에서 가장 높은 부분, 산꼭대기지. 그럼 나라의 정상은 누구? 나라에서 가장 높은 사람 말이야. 그래, 대통령이지.

세계 여러 나라의 정상들이 모인 회의를 전하는 텔레비전 뉴스나 신문 기사의 사진을 한번 들여다봐. 낯익은 얼굴이 보이지? 바로 우리나라 대통령이야. 그 옆으로 다른 나라 정상들도 찾아봐. 미국 대통령, 프랑스 대통령, 러시아 대통령……. 정상 회의 대신 대통령 회의라고 불러도 되지 않을까?

어라, 그런데 대통령이 아닌 사람들도 있네. 일본 총리, 영국 총리, 오스트레일리아 총리……. 이 사람들은 다 누구냐고? 대통령이 바빠서 대신 온 거냐고?

아니야, 오해하지 마. 총리들이 들으면 섭섭해하겠네. 총리도 대통령과 마찬가지로 어엿한 한 나라의 정상이야.

그럼 총리는 대통령의 다른 이름인 걸까? 한 나라의 정상은 대통령이라고 불러도 되고 총리라고 불러도 되는 걸까?

아니, 그렇지 않아. 대통령이 정상인 나라와 총리가 정상인 나라 사이에는 꽤 큰 차이가 있거든.

국회 의원이 뽑는 총리

우리나라처럼 대통령이 행정부의 우두머리인 정부 형태를 대통령제라고 해. 그리고 총리가 행정부의 우두머리인 정부 형태는 의원 내각제라고 하지.

의원 내각제에서 총리를 뽑는 방법은 대통령제에서 대통령을 뽑는 방법과 참 많이 달라.

대통령제에서는 국민이 국회 의원도 뽑고 대통령도 뽑아. 하지만 의원 내각제에서 국민은 국회 의원만 뽑고 총리는 뽑지 않아. 그러면 총리는 어디서 올까? 하늘에서 뚝 떨어지나? 바다에서 쑥 솟아나나?

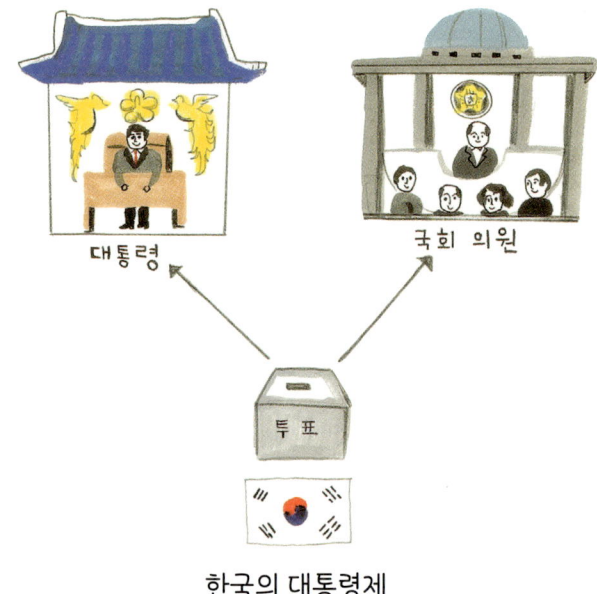

한국의 대통령제

의원 내각제의 총리는 바로 국회 의원들이 정해. 국민의 지지를 받아서 국회 의원 수가 가장 많은 정당, 즉 다수당의 우두머리가 총리가 되지.

의원 내각제인 영국이나 일본에 사는 친구에게 "이번에 우리 엄마 아빠가 대통령 선거에서 투표했어."라고 말하면 그 친구들은 "너희 엄마 아빠는 국회 의원이구나." 하고 오해할지도 몰라.

앞에서 이미 살펴봤듯이 대통령제에서는 행정부와 입법부가 완전히 분리되어 있어. 그에 비해 의원 내각제에서는 행정부와 입법부가 아주 가까운 사이야. 행정부와 입법부의 우두머리가 같으니 당연한 일이겠지?

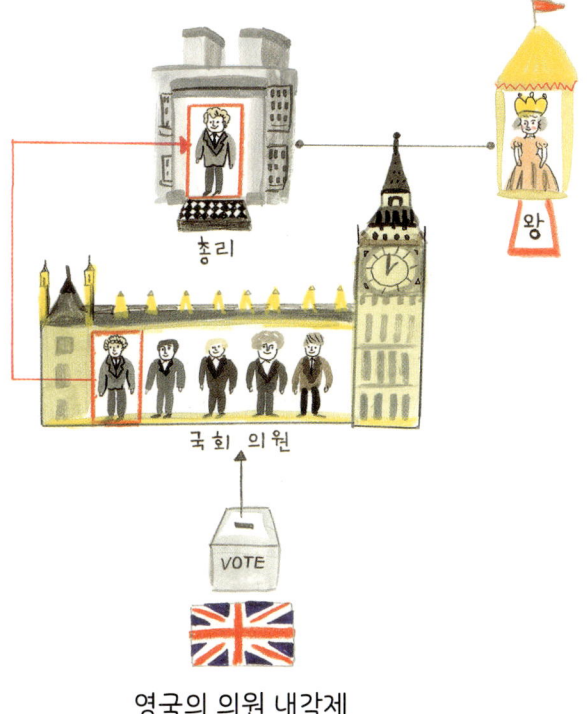

영국의 의원 내각제

총리 위에 또 누가 있다고?

우리나라의 대통령은 행정부의 우두머리면서 동시에 국가 원수야. 하지만 영국의 총리는 행정부의 우두머리이긴 해도 국가 원수는 아니야. 총리 위에 또 한 사람이 있걸랑.

그 사람은 바로 대대로 내려오는 왕이야. 하지만 옛날 같은 막무가내 왕을 상상해서는 곤란해. 의원 내각제의 왕은 멋들어진 궁전에 살기는 해도 자기 마음대로 나라를 다스리지는 못하거든.

의원 내각제인 나라 중에는 왕이 아니라 대통령이 국가 원수인 경우도 있어. 엥, 대통령제도 아닌 의원 내각제에 웬 대통령? 하지만 이 대통령은 우리가 아는 대통령과는 달라도 한참 달라. 나랏일을 결정하는 데 특별한 힘을 갖고 있지 않으니까.

그래서 이런 나라에서는 정상 회의에 왕이나 대통령이 아니라 총리가 참석해. 실제로 나랏일을 책임지는 사람이 정상 회의에 가야 중요한 결정을 내릴 수 있기 때문이야.

대통령과 총리, 어느 쪽이 좋을까?

자, 이번에는 대통령제와 의원 내각제, 과연 어느 쪽이 더 좋은지 한번 따져 볼까?

먼저 **대통령제**. 대통령은 임기가 정해져 있어서 안심하고 일할 수 있어. 그런데 이것은 바꾸어 말하면 대통령이 일을 잘못해도 국민이 중간에 대통령을 바꾸기 어렵다는 뜻이기도 해.

또 대통령은 입법부가 이상한 법을 만들지 않도록 막을 수 있어. 하지만 만약 행정부가 입법부랑 자주 다투면 나랏일이 삐거덕삐거덕할 수도 있지.

다음으로 의원 내각제. 총리는 임기가 딱 정해져 있지 않아. 그래서 총리가 나라를 제대로 이끌지 못하면 더 적합한 사람을 새로 앉힐 수 있어. 하지만 총리가 하루가 멀다 하고 바뀌면 나라 전체가 혼란스러워지겠지?

또 총리와 입법부가 친하니까 서로 협력해서 일해 나갈 수 있어. 하지만 입법부의 다수당이 제멋대로 법을 만들어서 나라가 기우뚱해질 수도 있지.

나라마다 각양각색

 정부의 형태가 대통령제와 의원 내각제가 전부라면 참 간단하겠지? 하지만 실제로는 조금 복잡해. 같은 대통령제이거나 의원 내각제라도 나라마다 다른 부분이 있거든. 대통령제인 나라가 의원 내각제의 특징을 가져오기도 하고, 의원 내각제인 나라가 대통령제의 좋은 점을 참고하기도 하기 때문이야.

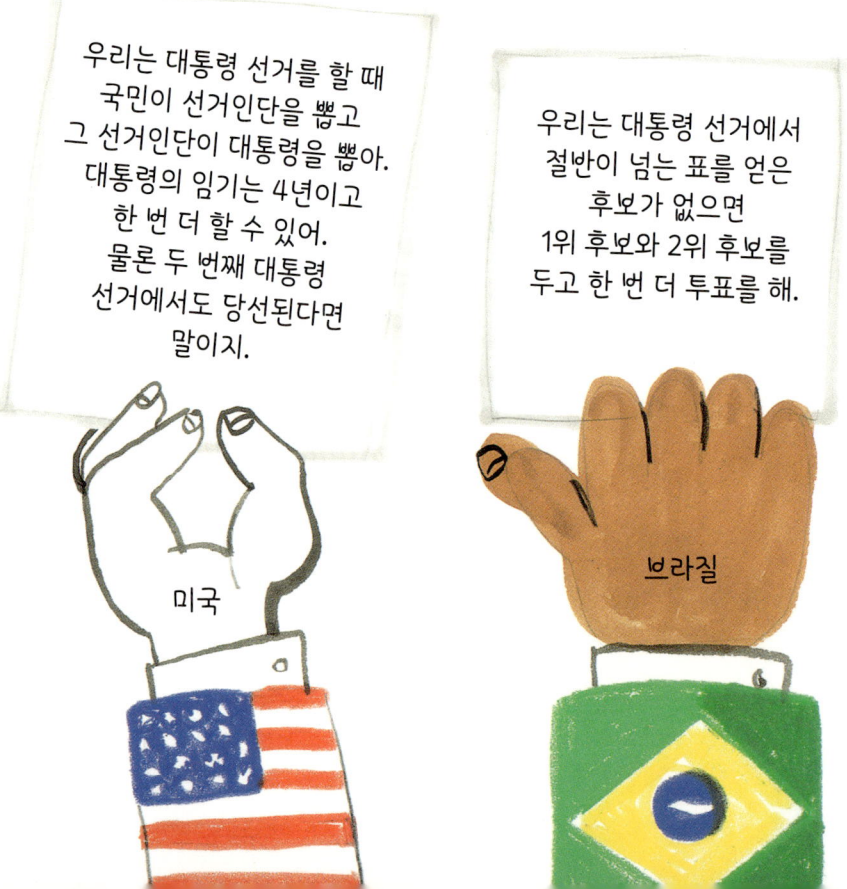

우리나라만 해도 그래. 대통령과 장관들 사이에 총리가 있잖아. 우리나라의 국무총리는 행정부의 여러 부서를 관리하긴 하지만 어디까지나 대통령을 돕는 역할이야. 국무총리를 정하는 사람도 국회 의원이 아니라 대통령이고. 의원 내각제의 총리와는 꽤 다르지?

대통령제도 의원 내각제도 아닌 나라들

그런가 하면 여전히 왕이 다스리는 나라도 있어. 사우디아라비아, 브루나이 같은 나라는 지금도 왕의 명령에 따라서 움직여. 종교로 다스리는 나라도 있어. 이란은 이슬람교 지도자가 큰 힘을 가지고 있지. 국민이 뽑은 대통령이 있기는 하지만 이슬람교 지도자보다 힘이 약해.

참, 그거 아니? 가톨릭교의 지도자인 교황도 나라를 다스리고 있다는 거. 바티칸 시국이라는 아주 조그마한 나라야.

사회주의 국가도 있어. 이 나라들은 공산당이라는 이름을 가진 하나의 정당이 독재로 다스리고 있어. 우리와 한 핏줄인 북한, 우리나라 바로 옆의 중국이 사회주의 국가에 속해.

이런 나라들은 민주주의 국가가 아니야. 오늘날 민주주의 국가들은 대부분 대통령제나 의원 내각제를 선택하고 있어.

진짜 민주주의를 찾아서!

정부 형태가 대통령제나 의원 내각제라면 모두 민주주의 국가라고 말할 수 있을까? 그게 또 그렇지가 않아.

대통령제이지만 한 사람이 수십 년씩 대통령 자리에 앉아 있으면서 마치 왕처럼 행동하는 나라도 있어. 의원 내각제인데 실제로는 총리 위에 있는 왕이 더 큰 힘을 가진 나라도 있지.

꼭 한 사람이 제멋대로 나라를 다스리는 게 아니라도 국민에게 자유가 없다면 그건 진짜 민주주의가 아니야. 나랏일에 대해 어떤 의견이든 자유롭게 말할 수 있어야 민주주의지. "난 대통령의 결정에 반대합니다." 같은 의견까지도 말이야.

우리 반 반장이 무슨 일을 하든 입 꾹 닫고 지켜보기만 해야 한다면 어떻겠니? 답답해서 속이 터질 것만 같겠지? 억울하거나 불공평한 일을 참다가 머리에서 연기가 날지도 몰라!

다행히 민주주의 국가가 아닌 나라들은 점점 줄어들고 있어. 국민들이 민주주의를 원하기 때문이지. 이렇게 민주주의 국가를 만들 수 있는 사람은 바로 국민들 자신이야.

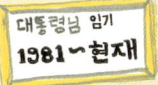

더 알아보기

의원 내각제의 고향, 영국

의원 내각제가 처음 생겨난 나라는 영국이야. 원래는 왕이 나라를 다스렸지만 두 번의 혁명을 거치면서 의원 내각제가 자리를 잡았어.

왕을 처형한 청교도 혁명

1649년 영국의 정치인이자 군인이었던 올리버 크롬웰이 왕에게 대항해 혁명을 일으켰어. 당시 영국의 왕인 찰스 1세가 상의도 하지 않고 세금을 마구 거두었거든. 자신의 말에 반대하는 사람은 닥치는 대로 감옥에 가두기도 했고. 크롬웰과 의회파가 일으킨 이 혁명을 '청교도 혁명'이라고 해. 개혁적인 기독교인 청교도를 믿는 사람들이 중심이 되어 일으켰기 때문이야.

크롬웰은 왕을 사형에 처하고는 정부의 우두머리 자리에 앉았어. 그 후 영국은 민주주의 국가가 되었을까? 아니! 크롬웰이 왕 못지않게 제멋대로 나라를 움직였거든.

한 방울의 피도 흘리지 않은 명예혁명

크롬웰이 죽자 영국 사람들은 다시 왕을 세웠어. 그러자 왕과 의회의 대립도 다시 시작되었지 뭐야. 참다못한 의회는 1688년 왕을 추방해 버렸어. 그래도 이번에는 목숨을 빼앗지는 않았으니 많이 봐준 셈이지.

의회는 1689년 또다시 새로운 왕을 세우면서 단단히 약속을 받았어. 왕이 의회의 권리를 인정하겠다는 약속이었지.

이로써 영국은 왕이 마음대로 나라를 움직이던 시대를 끝내고 의원 내각제의 기초를 다졌어. 이것을 아무도 다치거나 죽지 않고 이룬 혁명이라고 해서 '명예혁명'이라고 해.

★ 알쏭달쏭 낱말 사전

다수당
국회에서 국회 의원 수가 가장 많은 정당이에요.

대통령제
우리나라나 미국처럼 대통령이 정부의 대표가 되는 제도예요. 대통령이 나라를 대표하는 지도자로서 행정부를 다스리며 국가의 중요한 일을 결정해요.

미국 제44대 대통령인 버락 오바마는 2009년부터 2017년까지 8년 동안 대통령 자리에 있었어요.

독재
한 사람이나 아주 적은 수의 사람이 나라의 모든 권력을 갖고 마음대로 휘두르는 것을 말해요. 민주적인 절차나 과정을 무시하다 보니 국민의 뜻을 거스르기 일쑤예요.

바티칸 시국
이탈리아의 수도 로마 안에 위치한 도시 국가로, 세계에서 가장 작은 나라들 중 하나지요. 가톨릭교의 교황이 국가 원수예요.

바티칸 시국에 있는 성 베드로 광장이에요.

사회주의

개인의 자유로운 생산 활동이 보장되는 자본주의와 달리 나라가 모든 생산 활동을 관리하는 사회 체제예요. 중국, 베트남, 북한, 쿠바 등이 사회주의 국가지요.

베트남 국기예요. 사회주의 국가의 국기에는 공산당을 의미하는 별 모양이 많이 들어가요.

북한은 사회주의이면서 독재 국가이지만 나라 이름은 '조선 민주주의 인민 공화국'이지요.

중국은 사회주의 국가이지만, 자본주의 경제를 많이 받아들였어요.

쿠바는 1961년 자본주의에서 사회주의 체제로 바뀌었어요.

의원 내각제

다수당이 나랏일을 맡아 하는 정치 제도예요. 다수당의 우두머리가 총리가 되어 정부의 대표가 돼요.

정당

정치적 의견이나 생각을 같이하는 사람들이 모여 만든 단체예요. 우리나라는 법에서 정한 조건만 갖추면 누구나 정당을 만들 수 있는 자유가 있어요. 국회 의원이나 정치인뿐 아니라 평범한 국민도 뜻이 맞는 정당에 가입해서 활동할 수 있지요.

⭐ 도전! 퀴즈 왕

왼쪽에 쓰인 설명을 잘 읽고 알맞은 단어에 줄을 이어 보세요.

1. 정부 형태는 의원 내각제이고, 국가 원수는 왕인 나라예요. •   • ① 대통령제

2. 국민은 국회 의원을 뽑고, 국회 의원의 수가 가장 많은 정당의 우두머리가 총리 자리에 오르는 정치 제도예요. •   • ② 의원 내각제

3. 공산당이라는 하나의 정당이 나라를 다스리는 정치 제도예요. 북한, 중국, 쿠바가 여기에 속해요. •   • ③ 이란

4. 대통령이 행정부의 우두머리인 정치 제도예요. 국민이 국회 의원도 뽑고 대통령도 뽑아요. •   • ④ 영국, 일본

5. 이 나라에서는 이슬람교 지도자가 국민이 뽑은 대통령보다 힘이 세요. 종교가 나라를 다스리는 셈이지요. •   • ⑤ 사회주의

정답 1.-④ 2.-② 3.-⑤ 4.-① 5.-③

⑤ 내가 우리나라의 대통령

우리가 만드는 민주주의

대통령이야, 왕이야?

우리나라의 민주주의는 언제부터 시작되었을까? 누가 우리나라를 민주주의 국가로 만들었을까?

우리나라는 1910년부터 35년 동안 일본에 나라를 빼앗겼어. 오랜 독립운동 끝에 1945년 마침내 일본으로부터 나라를 되찾았고, 1948년 대한민국 정부를 세우면서 왕이 아닌 대통령을 국가 원수로 삼기로 했어. "선진국들 같은 민주주의 국가를 이루자." 하는 마음이었지.

그런데 민주주의를 처음 하다 보니까 대통령조차 민주주의가 뭔지 헷갈렸나 봐. 우리나라의 몇몇 대통령은 점차 마치 왕처럼 변해 갔어. 국민들의 생각을 무시하기도 했고, 오래오래 대통령 자리에 있고 싶어서 헌법을 뜯어고치기도 했지. 총칼을 내세워서 대통령이 된 사람도 있었어. 한동안은 아예 국민들이 대통령을 직접 뽑지 못하기도 했고.

우리나라가 그랬다는 게 믿기지 않는다고? 할머니, 할아버지께 한번 여쭤 보렴. 그때 일을 똑똑히 기억하고 계실 테니까.

국민들이 이뤄 낸 민주주의

우리나라 국민들은 오랫동안 민주주의를 제대로 누리지 못했어. 우리나라의 주인은 국민인데도 대통령들이 나라를 자기 입맛대로 움직이는 걸 지켜봐야 했던 거야. 몇 십 년 전만 해도 대통령에게 반대하는 의견을 말했다가는 잡혀가곤 했어.

하지만 무섭다고 계속 벌벌 떨고 있을 수만은 없었어. 국민들은 너무너무 가슴이 답답하고 화가 났거든. 나라를 위해 일본에 맞서 독립운동을 했듯이 국민들은 민주주의를 위해 나쁜 대통령들에게 맞서 싸웠어.

민주주의는 금방 오지 않았어. 감옥에 갇힌 사람, 다치거나 목숨을 잃은 사람도 많았지. 하지만 결국 우리나라는 다시 대통령을 국민의 손으로 뽑고, 어떤 생각이든 자유롭게 말할 수 있는 민주주의 국가가 되었어.

지금 우리가 5년마다 꼬박꼬박 대통령 선거를 할 수 있는 건 우리 국민들이 다 함께 노력했기 때문이야. 그때 노력한 모든 분을 떠올리며 "고맙습니다." 하고 맘속으로 외쳐 보자!

대통령을 지켜보는 눈

우리 민주주의의 역사를 알고 나니까 대통령 선거가 더 소중하게 느껴지지 않니?

선거는 국민의 생각을 드러내는 중요한 방법이야. 그래서 선거를 '민주주의의 꽃'이라고 부르기도 해.

그런데 일단 선거가 끝나고 나면 이제 대통령이 무얼 하든 간에 신경 딱 끊어도 될까?

아니야. 국민은 대통령이 선거 때 내세운 공약을 잘 지키는지, 혹시 잘못된 판단을 내리지는 않는지 잘 지켜봐야 해.

물론 그렇다고 대통령을 졸졸 따라다닐 필요는 없어. 신문, 텔레비전, 인터넷을 보면 대통령이 하고 있는 일들을 훤히 알 수 있으니까.

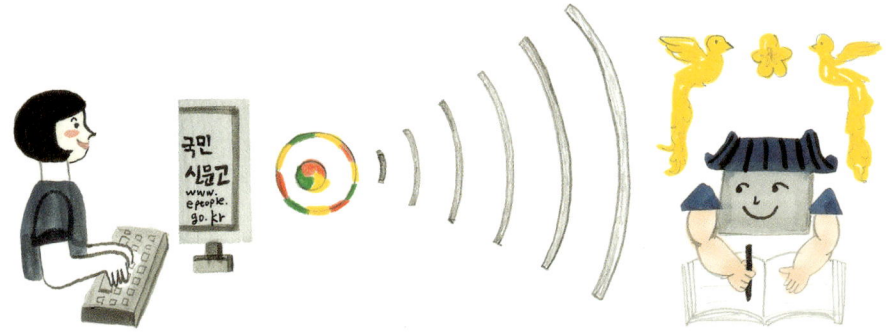

국민 신문고 등 인터넷 사이트에 의견 올리기

조선 시대에는 대궐 밖에 '신문고'라는 북이 있었어. 백성들은 억울한 일을 당하면 신문고를 둥둥 울려서 왕에게 알렸지. 그만큼 왕이 백성의 의견을 직접 듣는 일을 중요하게 여긴 거야.

지금도 마찬가지야. 국민은 대통령에게 적극적으로 자신의 의견을 나타낼 수 있어. 대통령실 홈페이지(www.president.go.kr)와 행정부의 국민 신문고(www.epeople.go.kr) 사이트가 신문고 역할을 하고 있거든. 또 정부 각 부서의 홈페이지도 모두 신문고인 셈이야. 인터넷 덕분에 굳이 어딘가로 가지 않아도 신문고를 울릴 수 있으니 정말 편리하지?

의견을 알리는 방법은 이 외에도 많아. 언론을 통해 나타낼 수도 있고, 뜻이 맞는 사람들과 평화적으로 시위를 할 수도 있어. 시민 단체에 들어가거나 직접 새로운 시민 단체를 만들어서 활동하는 방법도 있지. 물론 대통령이 잘했을 때는 아낌없이 박수 쳐 주는 것도 잊지 마.

1인 시위 　　　 촛불 집회 　　　 시민 단체 활동

기억해, 우리나라의 주인은 바로 나!

선거로 뽑는 우리의 대표는 대통령 말고도 또 있어. 국회 의원은 물론이고 시장이나 도지사, 구청장, 군수, 시 의회 의원, 도 의회 의원, 구 의회 의원, 군 의회 의원, 교육감도 다 우리 대표야. 와, 참 많다, 그렇지?

국민이라면 이렇게 다른 대표들이 하는 일도 관심 있게 지켜봐야 해. 적극적으로 의견도 표현해야 하고. 민주주의는 국민이 참여할수록 더 무럭무럭 자라나는 법이니까!

반장이 뽑힌 후에도 우리 반은 반장의 것이 아니라 반 아이들 모두의 것이야. 마찬가지로 우리나라의 주인은 대통령 한 사람이 아니라 국민이라는 사실을 언제나 기억해 둬.

나라를 잘 이끄는 것도, 민주주의를 지키는 것도 모두 우리 손에 달려 있어. 너도, 나도 그리고 우리 모두가 우리나라의 대통령이라는 걸 잊지 마!

더 알아보기

 ### 우리나라의 시민 단체

시민 단체란 사회 전체를 이롭게 만들기 위해 모인 사람들의 모임을 말해. 정부를 감시하기도 하고 정부에 영향을 끼치기도 하지. 우리나라에는 굉장히 많은 시민 단체가 있어. 그중에서 몇 개를 소개할게.

참여연대

참여연대라는 이름은 '참여 민주 사회와 인권을 위한 시민 연대'를 줄인 말이야. 이름만 들어도 무슨 일을 하는지 딱 알겠지? 민주주의가 지켜지도록, 또 국민의 권리가 존중받도록 하는 것이 목적이야.

환경운동연합

요즘 환경 파괴 문제가 참 심각해. 그래서 환경을 지키기 위해 많은 시민 단체가 생겨났어. 환경운동연합은 우리나라에서 가장 큰 환경 단체야. 지나친 개발 때문에 아름다운 우리 땅이 파괴되지 않도록 전국 방방곡곡에서 활동하고 있지.

한국여성민우회

옛날에 여성은 투표도 할 수 없었어. 이제는 사정이 달라졌지만 그래도 여성에 대한 사회적 불평등이 완전히 사라진 건 아니야. 한국여성민우회는 여성이라는 이유로 차별받지 않는 세상, 여성과 남성이 함께 행복한 세상을 만들기 위해 노력하고 있어.

동물권행동 카라

사람을 넘어 동물의 권리를 생각하는 시민 단체도 있어. 동물권행동 카라는 사람과 동물이 함께 살아가는 세상을 위해 다양한 활동을 벌이고 있지. 동물 실험을 반대하고, 길에서 살아가는 동물들을 도우며, 집이 없는 동물들에게 새로운 가족을 찾아 주기도 해.

⭐ 알쏭달쏭 낱말 사전

국민 신문고

국민 신문고는 국민 권익 위원회가 운영하는 온라인 국민참여포털이에요. 국민들의 다양한 의견을 듣고 불합리한 정책과 제도를 개선하며 정부의 정책에 반영하지요. 정책에 대한 아이디어도 낼 수 있고 내가 낸 의견에 답변도 받을 수 있어요.

국민 신문고에 의견을 올리려면 신청인의 연락처 등 기본 정보를 입력하고, 민원 내용을 작성해요.

교육감

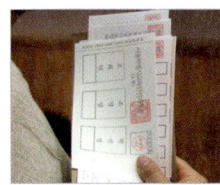

시도의 교육에 관한 일들을 고민하고 결정하는 기관의 최고 우두머리예요. 지역 주민이 직접 뽑는데, 임기는 4년이고 세 번까지 더 할 수 있어요.

박정희(1917~1979년)

1961년에 5·16 군사 정변을 일으켰어요. 1963년에 제5대 대통령이 되었으며, 이어서 제6대 대통령에도 당선되었어요. 민주주의를 바라는 국민들의 목소리를 무시하고 계속해서 대통령 자리에 있기 위해 1969년과 1972년에 헌법을 바꾸어 제7대, 제8대, 제9대 대통령이 되었어요. 1979년 10월 26일 가까운 부하인 김재규가 쏜 총탄을 맞고 죽었어요.

이승만(1875~1965년)

독립운동가로 1948년에 우리나라의 첫 번째 대통령이 되었어요. 오랫동안 대통령 자리에 있기 위해 부정 선거를 저지르다가 1960년에 국민들이 일으킨 4·19 혁명으로 쫓겨났어요.

전두환(1931~2021년)

1979년 12월 12일 군사 정변을 일으켰어요. 1980년 5월에는 민주주의를 요구하는 광주 시민들에게 폭력을 휘둘렀어요. 1980년 제11대, 1981년 제12대 대통령이 되어 군사 독재를 했어요.

1980년 5월 18일 광주 민주화 운동이 일어났어요. 그러자 군인들이 나타나 시위에 참여한 시민들을 무참히 짓밟았어요. 심지어 임신부, 어린이들까지 희생되었지요.

지방 의회

나라에 국회가 있듯이 여러 시, 도, 군, 구에는 각각 지방 의회가 있어요. 선거에서 뽑힌 지방 의회 의원들이 모여서 일하지요. 지방 의회는 그 지방의 규모에 따라 광역 지방 정부와 기초 지방 정부로 나뉘어요.

광역 지방 정부 중 하나인 부산광역시 의회의 모습이에요.

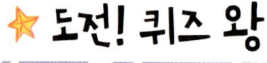 도전! 퀴즈 왕

내용을 잘 읽고 빈칸에 알맞은 단어를 써 보세요.

1. 우리나라의 몇몇 대통령은 대통령 자리에 오래 있고 싶어서 _____ 을 뜯어고치기도 했어요.

2. 몇몇 대통령이 국민들의 생각을 무시하고 총칼로 폭력을 휘두르자 국민들은 _____ 를 지키기 위해 맞서 싸웠어요.

3. 선거는 나라의 대표들에게 국민의 생각을 보여 줄 수 있는 중요한 방법이에요. 그래서 선거를 민주주의의 _____ 이라고도 해요.

4. 대통령 외에 국회 의원, 시장, 구청장, 군수, 지방 의회 의원 등도 모두 우리가 뽑는 _____ 예요.

정답 1. 헌법 2. 민주주의 3. 꽃 4. 대표

글쓴이 김서윤

사회학과 국어 국문학을 공부했다. 글을 쓰고 책을 만드는 일을 하고 있다. 『토요일의 심리 클럽』으로 제1회 창비청소년도서상 교양 부문 대상을 받았다. 지은 책으로 『사회는 쉽다 4 모두를 위한 사회 복지』, 『사회는 쉽다 10 사회의 모든 것』, 『사회는 쉽다 12 사회를 움직이는 노동』, 『내가 가게를 만든다면?』, 『내가 국제기구를 만든다면?』 등이 있다.

그린이 이고은

초등학교 때는 교과서 여백과 연습장에 그림을 그려 친구들에게 보여 주길 좋아했다. 어른이 되어서도 그림으로 이야기하는 일을 하고 있다. 쓰고 그린 책으로 『나의 엉뚱한 머리카락 연구』, 『책상, 잘 쓰는 법』 등이 있고, 그린 책으로 『열세 번째 아이』, 『하얀 얼굴』, 『멋지기 때문에 놀러 왔지』, 『너의 특별한 점』 등이 있다.

1 민주주의와 정치

사회는 쉽다!

1판 1쇄 펴냄 2012년 8월 17일 1판 15쇄 펴냄 2021년 5월 27일
2판 1쇄 펴냄 2022년 4월 20일 2판 7쇄 펴냄 2025년 2월 18일
글 김서윤 그림 이고은
펴낸이 박상희 **편집장** 전지선 **편집** 오혜환 **디자인** 정상철, 정다울
펴낸곳 ㈜비룡소 출판등록 1994. 3. 17(제16-849호)
주소 06027 서울시 강남구 도산대로1길 62 강남출판문화센터 4층
전화 02)515-2000 **팩스** 02)515-2007 **홈페이지** www.bir.co.kr
제품명 어린이용 반양장 도서 **제조자명** ㈜비룡소 **제조국명** 대한민국 **사용연령** 3세 이상

ⓒ 김서윤, 이고은 2012. Printed in Seoul, Korea.

ISBN 978-89-491-2501-5 74300/ 978-89-491-2500-8(세트)

• 사진 제공_ 국민 건강 보험 공단, 연합뉴스, Wikipedia